33 süße Rezepte aus der Vorratskammer

von Shermin Arif

Buchbeschreibung:

Verführerische Brownies, vanillige Butterkekse, Kokoskonfekt oder köstlicher arabischer Pudding mit Kardamom gefällig? In diesem Büchlein finden sich 33 einfach nachzumachende und über die Jahre erprobte süße Basisrezepte mit Zutaten aus der Vorratskammer, die selbst für Anfänger*innen in der Küche gut zu meistern sind.

In den acht Kapiteln werden vielfältige Kuchen, Kekse, Desserts, Kleinigkeiten an Naschwerk, Getränke und Gewürzmischungen vorgestellt – vieles davon ist von Natur aus glutenfrei oder vegan und auch als selbstgemachte Geschenke aus der Küche geeignet. Zahlreiche Tipps, Tricks und Anmerkungen zu Kochtechniken und Variationsmöglichkeiten ergänzen die Rezepttexte.

Über die Autorin:

Shermin lebt mit Partner und Kind im Herzen von Berlin. Die studierte Germanistin und Geschichtswissenschaftlerin ist im Ruhrpott aufgewachsen und der Liebe wegen in der Hauptstadt gelandet. Hier arbeitet sie als freie Redakteurin, Texterin, Bloggerin und gibt auch Workshops im Handspinnen.

Seit über 10 Jahren teilt die bekennende Schokoladenliebhaberin auf ihrem Blog „Der magische Kessel" mit ihren Leser*innen bodenständige und geniale Rezepte – die inhaltlich quer durch Kontinente, Zeitzonen und Epochen gehen.

Mehr Infos & Rezepte: www.magischer-kessel.de

33 süße Rezepte aus der Vorratskammer

VON

Shermin Arif

Shermin Arif

Rigaer Str. 64

10247 Berlin

Bibliografische Information der Deutschen Nationalbibliothek:
Die Deutsche Nationalbibliothek verzeichnet diese Publikation in der
Deutschen Nationalbibliografie; detaillierte bibliografische Daten
sind im Internet über dnb.dnb.de abrufbar.

Coverfoto: Jan Mateboer | jan.photo

1. Auflage, 2020
© 2020 Arif, Shermin
Herstellung und Verlag: BoD – Books on Demand, Norderstedt
ISBN: 9783752606102

www.magischer-Kessel.de

Inhaltsverzeichnis

Vorwort

Gerade in schwierigen und dunklen Zeiten braucht es manchmal etwas Süßes. Für dieses kleine Kochbuch habe ich deswegen eine Sammlung meiner über die Jahre entstandenen und vielfach in meiner Familie erprobten süßen Rezepte zusammengestellt. So sind über 30 Rezepte zusammengekommen. Ich habe mich hier um Vielfalt bemüht, so dass für jedes Naschkätzchen etwas dabei ist. Bei vielen Rezepten können auch die Kleinsten schon bei der Zubereitung eingebunden werden und mitmachen. Mein vierjähriges Kind rührt jedenfalls mit ebenso großer Begeisterung den Keksteig und misst gewichtig mit mir zusammen Zutaten ab, wie es nachher die frisch gebackenen Kekse wegknuspert.

Ein großer Teil der hier vorgestellten süßen Dinge stammt aus meinem Foodblog „Der magische Kessel". Alle Rezepte wurden hierfür neu überarbeitet, zusätzlich werden vier neue Rezepte im Buch zunächst exklusiv hier veröffentlicht.

Ich messe viele Zutaten mit einem Messlöffel-Lot ab. Falls nicht anders vermerkt, gehe ich immer von gestrichenen Löffeln aus. Wer keine solchen Messlöffel besitzt, kann ganz einfach einen normalen Tee- und Esslöffel und etwas Augenmaß benutzen.

Viele der Rezepte im Kochbuch eignen sich übrigens nicht nur für den Eigenbedarf, sondern auch als Geschenk aus der

Küche, so dass auch andere leckere Dinge schnabulieren können.

Zum Verschenken eignen sich beispielsweise selbstgemachte Schokoladentrüffel, indisches Kokoskonfekt, selbstgebackene Kekse oder ein Glas mit selbstgemischtem Kakaopulver, welches mit einem hübschen Etikett verziert werden kann.

Welche Zutaten werden genutzt?

Lebt man aus der Vorratskammer, so sind frische Lebensmittel – aus welchem Grund auch immer – gerade etwas begrenzt verfügbar. Aus diesem Grund kommt ein guter Teil der Rezepte mit wenigen oder ganz ohne Eier, frischer Butter oder Obst aus. Oft greife ich deshalb auch auf neutrales Öl zurück. Viele Rezepte sind von Natur aus vegan oder ganz leicht veganisierbar, manche Rezepte können auch aufeinander aufbauen. Die Rezepte kommen meist mit Grundzutaten aus: Mehl, H-Milch, Honig, Grieß, (Puder-)Zucker, Öl, Stärke, Backkakao, (geriebene) Nüsse, ein paar Tafeln Schokolade, Backpulver und Gewürze wie Salz, Zimt, Kardamom und Vanille (als gemahlenes Pulver oder Schote) sind die Grundvoraussetzung für die meisten Gerichte.
Wenn frische Eier, Trockenfrüchte, Butter/Margarine und Kurkuma oder Buchweizenmehl hinzukommen, ist das die Kür für dieses Rezeptbuch, das karge Zeiten mit einer großen Ladung Schokolade etwas versüßen will.

Nicht in jeder Vorratskammer stehen dieselben Sachen

Für zwei Rezepte wird Apfelmus verwendet, das sich meist in einer gut sortierten Vorratskammer findet. An frischen Früchten finden nur Bananen und Äpfel Verwendung – Klassiker in den Obstschalen heutiger Haushalte. Bei den verwendeten Tiefkühlerdbeeren für den Limonadensirup erweitere ich den Begriff Vorratskammer etwas in Richtung Tiefkühler. Der vegane Haselnusskuchen verlangt nach ein paar besonderen Zutaten wie Flohsamenschalen und Johannisbrotkernmehl.

Ich wünsche viel Freude und Naschlust beim Nachkochen und -backen. Für Rückfragen bin ich via Mail erreichbar unter: **info@magischer-kessel.de**

Liebe Grüße aus dem Herzen Berlins,

Eure Shermin
Berlin, im Juni 2020

1. Kuchen

Schnell zusammengerührt und in den Ofen geschoben, kann ein guter Kuchen den Tag (oder die Nacht) retten. Ich stelle hier insgesamt neun Kuchenrezepte vor: Ein Rezept für Schokoholics, zwei mit rein pflanzlichen Zutaten, ein fantastisches glutenfreies Schokoladenkuchenrezept mit vielen Eiern, das die übriggebliebenen Schokoladenfiguren von Ostern oder Weihnachten verbraucht, verschiedene Tassenkuchenrezepte (vegan, mit Ei, mit oder ohne echten Kakao) für die Mikrowelle und eines zur Resteverwertung von schon etwas trockenem vorhandenem Rührkuchen. Bei dem Letztgenannten können auch gekaufte Rührkuchen verwendet und aufgepimpt werden. Es sollte also für jede*n etwas Passendes dabei sein!

Schokoladentarte mit Marmelade

Diese Tarte ist französischen Ursprungs. Sie schmeckt hervorragend mit der geschmacksintensiven, etwas herben britischen Orangenmarmelade. Himbeer- oder Aprikosenkonfitüre eignen sich auch sehr gut für diesen Kuchen mit klassischem Mürbeteigboden. Das Rezept ist für eine Tarte-Form von circa 28 cm Durchmesser.

Zutaten

Teig (Grundrezept süßer Mürbeteigboden):
200 g Mehl
100 g Butter (kalt, in Stückchen)
70 g Puderzucker
2 ½ EL Eiswasser

Füllung:
3 EL Orangenmarmelade
200 g Sahne
200 g Zartbitterschokolade
⅛ TL gemahlene Vanilleschote
(alternativ: Mark 1 Vanilleschote)

Zubereitung

- Die Zutaten des Teiges zügig – in einer Küchenmaschine oder mit dem Knethaken eines Rührgerätes – miteinander verkneten. Der Teig ist erst krümelig, wird beim weiteren Kneten dann aber wie leicht feuchte Knetmasse, die sich gut vom Schüsselrand löst.

- Den Teig abdecken und für 30 Minuten im Kühlschrank ruhen lassen.

- Teig nochmals kurz in Form kneten und zwischen zwei Schichten Backpapier zu einem Kreis ausrollen, der etwas größer als die Tarteform ist.

- Den Teig in die Form geben (bei Verwendung einer nicht beschichteten Form vorher ausbuttern), mit den Fingern am Rand sanft zurecht drücken und dann im vorgeheizten Ofen (Umluft, 200 °C, mittlere Schiene) für 15 Minuten blind backen.

→ **Blindbacken**: Backpapier auf den Teig legen und mit getrockneten Hülsenfrüchten während des Backens beschweren, damit der Teig nicht hoch kommt und keine Blasen bildet. Papier und Hülsenfrüchte werden nach dem Backen des Teigs entfernt.

- Die Marmelade glatt rühren, den noch heißen und goldgelb gebackenen Boden aus dem Ofen nehmen und direkt damit bestreichen. Das funktioniert wunderbar mit einem großen Esslöffel.

- Während der Boden etwas abkühlt, für die Füllung die Sahne mit der Vanille aufkochen, Hitze reduzieren und die in Stücke gebrochene Schokolade hinzugeben. Unter Rühren vorsichtig schmelzen und die Schokolade vollständig lösen lassen.

- Die Schokoladenfüllung auf den vorbereiteten Boden geben. Abkühlen lassen und dann zum weiteren Festwerden für ein paar Stunden in den Kühlschrank geben, bevor die Tarte zum Verzehr bereit ist.

Schokokuchen aus Schokoladenresten (glutenfrei)

Und noch ein französischer Schokoladenkuchen! Dieser Gâteau au Chocolat ist wirklich schnell von Hand zusammengerührt und eine wundervolle Resteverwertung für liegengebliebene Schokoladenostereier oder -weihnachtsfiguren. Er ist leicht, aber feucht und ist geschmacklich eine Art Brownie-Soufflé-Hybrid. Dank des zusätzlichen echten Kakaos ist der Kuchen dennoch auf der dunklen Seite, fängt die sehr süße Milchschokolade auf und veredelt sie geschmacklich.

Der Schokoladenkuchen schmeckt kalt und warm hervorragend. Dazu kann man Vanilleeis (gerade zu noch warmem Kuchen toll!), geschlagene Sahne oder ein paar frische Früchte servieren.

Da der Kuchen mit Stärke gebacken wird, ist er glutenfrei. Das Rezept ist für eine Springform von circa 28 cm Durchmesser.

Zutaten

125 g Butter
300 g Milchschokolade (saisonale Schokoladenfiguren)
5 Eier
50 g Puderzucker
35 g Speisestärke
30 g echter Kakao
1 TL Backpulver
1 Prise Meersalz
Butter zum Einfetten
Puderzucker zum Bestäuben

Zubereitung

- Eine Springform entweder innen komplett mit Butter fetten oder im Boden Backpapier einspannen und nur die Seiten fetten.

- Eine große Schale über einen Topf mit heißem Wasser (Wasserbad) setzen und auf dem Herd bei geringer Hitze die Butter und die Schokolade schmelzen, dabei mit einem Schneebesen verquirlen.

- Die Schale vom Topf nehmen und die Masse etwas abkühlen lassen, damit die Eier nicht direkt stocken.

- In einer zweiten Schüssel alle trockenen Zutaten gründlich miteinander vermengen.

- Nun einzeln nach und nach mit einem Schneebesen die Eier in die Schokoladenmasse einarbeiten. Das sieht zuerst grisselig aus, nach kräftigem Einrühren mit dem Schneebesen glättet sich die Schokoladenmasse aber schon nach dem ersten Ei wunderbar.

- Wenn alle Eier eingearbeitet sind, löffelweise die trockenen Zutaten in die Schokoladenmasse geben und ebenfalls mit dem Schneebesen einrühren. Dabei Vorsicht walten lassen: Der Teig für den Kuchen sollte nicht zu lange gerührt werden, nur bis sich alle Zutaten gut miteinander verbunden haben.

- Den recht flüssigen Schokoladenteig in die gefettete Springform füllen (bitte darauf achten, dass die Form wirklich dicht schließt!) und im vorgeheizten Ofen (Umluft, 160 °C, mittlere Schiene) für 25 Minuten backen, bis die Mitte des Kuchens sich fest und nicht mehr flüssig anfühlt. (Ich drücke sanft mit der Rückseite eines Löffels oder einer Gabel darauf.)

- Den Kuchen bei offener Klappe im Ofen abkühlen lassen. Nicht irritieren lassen: Der Kuchen fällt beim Abkühlen etwas zusammen.

- Nach dem Abkühlen mit Puderzucker bestreuen.

Brownies (vegan)

Gaumen-verklebend göttliche, klietschig-schokoladige und völlig stinknormale, saftig-feuchte Brownies – ganz ohne fancy Zutaten. Das Rezept ist für eine Brownieform der Größe 23 x 23 cm geeignet. Die doppelte Menge Brownie-Teig, kann auch einfach auf einem großen Blech gebacken werden. Kommt beim Sommerfest im Kindergarten super an!

Zutaten

250 g Mehl
250 g Zucker
250 ml Haferdrink
(alternativ: selbstgemachter Haselnussdrink, S. 73)
125 ml Sonnenblumenöl
200 g Zartbitterschokolade oder Zartbitterkuvertüre
70 g echter Kakao
optional: ⅛ TL gemahlene Vanilleschote
(alternativ: Mark 1 Vanilleschote)

Zubereitung

- Alle trockenen Zutaten in einer Schüssel miteinander verrühren.

- Die Schokolade im Wasserbad oder vorsichtig in der Mikrowelle in einer Schüssel schmelzen. (Für die Mikrowellenmethode: Ich lasse die Schokolade zum Teil schmelzen und dann etwas stehen. Durch die Schüsselwärme schmilzt der Rest dann auch. Zwischendurch durchrühren.)

- Mit einem Mixer oder mit einem Schneebesen nach und nach den Pflanzendrink und das Öl in die trockenen Zutaten einarbeiten.

- Wenn der Teig homogen und ohne Klümpchen ist, rasch die flüssige Schokolade einarbeiten. Der Brownieteig zieht dadurch etwas an.

(Pssst! Teignascher*innen: Der rohe Brownieteig ist super lecker. Da keine Eier drin sind, dürfen hier auch Kinder naschen.)

- Eine Brownieform mit Backpapier auslegen. Das geht gut, wenn man einen Bogen Backpapier auf die Form legt und dann die Ecken runterdrückt und einfaltet. Kann ruhig etwas krumm und schief sein, wichtig ist, dass es an der Wand anliegt und den Teig hält.

- Den Teig in die Backform füllen und glatt streichen.

- Im vorgeheizten Ofen (Umluft, 175 °C, mittlere Schiene) für 30 Minuten backen.

3 Rezepte für Schoko-Tassenkuchen aus der Mikrowelle

Getrieben von nächtlichen Schokoladenkuchengelüsten? Mit Kuchenhunger im Büro? Oder es gibt lieben Überraschungsbesuch und nix ist im Haus? Dann ist ein Mikrowellekuchen die schnelle Antwort. Das Rezept lässt sich gut variieren und die trockenen, schon abgemessenen Zutaten kann man in einem kleinen Glas oder Beutel gut überall hin mitnehmen. Aber Achtung: Wie im Rezepttext vermerkt variiert die Garzeit je nach Mikrowellenleistung. In Muffin-Silikonförmchen gefüllt, und mit geringerer Garzeit, erhält man so auch schnell Mikrowellen-Muffins.

Ich liste die Zutaten für alle drei Rezepte nacheinander auf. Die Zubereitungsanleitung ist für alle Tassenkuchen gleich.

Zutaten für Mikrowellenkuchen mit echtem Kakao

2 ½ EL Mehl
2 ½ EL Zucker
1 EL echter Kakao
1 Ei (M)
1 EL Sonnenblumenöl
1 TL Wasser oder Milch/Pflanzendrink (S. 73)
1 Msp Backpulver

Zutaten für Mikrowellenkuchen mit süßem Kakaopulver

2 ½ EL Mehl
3 EL Kakaopulver
1 EL Zucker
1 Ei (M)
1 EL Sonnenblumenöl
1 TL Wasser oder Milch/Pflanzendrink
1 Msp Backpulver

Zutaten für veganen Mikrowellenkuchen

2,5 EL Mehl
2 EL Zucker
1/2 Banane (zu Brei zerdrückt)
1 EL echter Kakao
1 EL Sonnenblumenöl
3 TL Wasser oder Pflanzendrink
1 Msp Backpulver

Für alle: Zusätzlich etwas Sonnenblumenöl zum Ausfetten der Tasse

Zubereitung

- In einer kleinen Schale alle trockenen Zutaten miteinander vermengen.

- Die feuchten Zutaten hinzufügen und gründlich mit den trockenen Zutaten verrühren.

- Eine große Kaffeetasse oder Müslischüssel ausfetten. Dafür etwas Öl hineingeben und Tasse oder Schüssel schwenken, bis der gesamte Innenraum benetzt ist. Überschüssiges Öl ausgießen.

- Mit einem Löffel oder Spatel den Teig in die ausgeölte Tasse oder Schüssel geben.

- Den Kuchen in der Mikrowelle backen. Die ungefähre Garzeit liegt bei voller Wattleistung etwa bei anderthalb bis vier Minuten.

→ **Achtung**: Die Backzeit variiert stark von Mikrowelle zu Mikrowelle und hängt von deren Leistungsfähigkeit ab. Hier empfiehlt sich vorsichtiges Herantasten, da der Tassenkuchen sonst zu trocken wird oder gar verbrennt.
Für den ersten Versuch sollte also vor der Mikrowelle gelauert und den Backvorgang abgebrochen werden, wenn der Kuchen fertig aussieht. Sobald der Kuchen aufgeht, der Teig fest und elastisch ist, aber noch etwas auf der Oberseite glänzt, ist er fertig.

- Den fertigen Kuchen kurz auskühlen lassen und dann den lauwarmen Tassenkuchen entweder direkt in der Tasse servieren und herauslöffeln oder auf einen Teller stürzen. Dank der geölten Form löst sich der Kuchen gut vom Rand.

- Der Kuchen kann mit Schokoladensirup (S. 68), Eierlikör, Sprühsahne, Milchcreme (S. 78), Eiscreme, frischen Früchten, einem Marmeladenüberzug oder Streuseln verziert werden.

Haselnusskuchen (vegan & glutenfrei)

Ich mag kulinarische Herausforderungen. Die Kombination aus „glutenfrei" und „vegan" ist sehr anspruchsvoll. Aber diesen wunderbaren Nusskuchen essen sogar Nichtveganer*innen sehr gerne! Durch eine optionale Zartbitterglasur gewinnt der Haselnusskuchen noch zusätzlich hinzu und ist auch der perfekte Unterbau für eine Torte mit pflanzlicher „Buttercreme".
Bei vielem Backwerk kann man etwas variieren und Zutaten ersetzen – hier nicht, sonst ist die Gefahr der Konsistenz- und Geschmacksveränderung zu hoch. Der Kuchen geht nicht sehr stark auf. Das Rezept ist für eine Springform mit einem Durchmesser von 23 cm. Wird eine größere Form genutzt, ist er natürlich flacher und die Backzeit reduziert sich etwas.

Zutaten

175 g Mineralwasser mit Sprudel
150 g Apfelmark (Das ist ungesüßt. Alternativ: Apfelmus,
dann den Zuckeranteil ein wenig verringern.)
100 g Buchweizenmehl
100 g Haselnüsse (gemahlen)
100 g Zucker
75 g Reismehl (Vollkorn)
50 g Sonnenblumenöl
2 TL Backpulver
½ TL Johannisbrotkernmehl
vegane Margarine zum Ausfetten der Form
Buchweizenmehl zum Ausmehlen

Zubereitung

- Alle trockenen Zutaten (Buchweizenmehl, Reismehl, Haselnüsse, Backpulver, Johannisbrotkernmehl, Zucker) in einer Backschüssel gründlich miteinander vermengen.

- Die feuchten Zutaten (Öl, Apfelmark, Mineralwasser) hinzugeben und mit einem großen Löffel einarbeiten. (Achtung, liebe Naschkatzen, wartet lieber auf den gebackenen Kuchen und lasst die Finger vom rohen Teig.)

- Die Springform mit Margarine ausfetten und mit Buchweizenmehl ausmehlen.

- Den Kuchen im vorgeheizten Ofen (Umluft, 175 °C, mittlere Schiene) für 30-35 Minuten backen.

Cake Balls

Cake Balls – also Kuchenbällchen – sind dank des Frischkäses und der dicken Schokoladenschicht kleine Schwergewichte. Ungewohnt in der Konsistenz, aber absolut köstlich. Sie sind perfekt, um beispielsweise übriggebliebenen Rührkuchen von einer Party oder dem einsamen Stück Kuchen im Tiefkühlfach zu neuem Glanz zu verhelfen und sie in etwas anderes Delikates zu transformieren.

Natürlich kann hierfür auch gekaufter Rührkuchen genutzt werden. Der Teig kann zusätzlich mit Lebensmittelfarbe eingefärbt und so für Partys oder Kindergeburtstage genutzt werden. Wer nicht schokolieren möchte, kann einfach kleine Kuchenpralinen daraus rollen und diese naschen. Das Rezept ergibt etwa 20 Stück.

Zutaten

400 g fertiger Rührkuchen
100-150g Frischkäse Doppelrahmstufe (abhängig von der Feuchtigkeit des Kuchens)
300 g Kuvertüre (weiße oder dunkle Schokolade nach Vorliebe)
Puderzucker
optional: einige Spritzer Zitronensaft

Zubereitung

* Den Kuchen in eine Schüssel geben und mit den Händen fein zerbröseln.

* Den Frischkäse und Zitronensaft einarbeiten. Abschmecken und wenn gewünscht mit ein bis zwei Esslöffeln Puderzucker nachsüßen.

* Der Teig für die Cake Balls hat jetzt eine knetmassenartige Konsistenz. Mit den Händen circa 20 Kugeln à 25 g rollen. Mit sanftem Druck, so dass die Teigmasse zusammenhält.

* Die Kuchenkugeln in einen Behälter geben und für 1-2 Stunden im Kühlschrank durchkühlen lassen. Alternativ einige Minuten ins Tiefkühlfach geben. Darauf achten, sie nicht gefrieren zu lassen.

* Die Schokolade im Wasserbad schmelzen. Wer einen späteren Grauschleier (der zwar optisch, aber geschmacklich nicht all zu störend ist) vermeiden will, kann die Schokolade gemäß der Impfmethode temperieren.

→ **Impfmethode**: Die Schokolade lässt sich dank dieser Technik besser verarbeiten, bekommt später keinen Grauschleier und härtet schneller aus. Schokolade klein hacken und etwas weniger als ⅔ davon im Wasserbad schmelzen. Ist die Temperatur bei 45 °C, die Schüssel vom Topf nehmen und die restliche Schokolade unterheben. Alle 10 Min. umrühren, bis 20 °C erreicht sind. Dann wieder die Schüssel mit der geschmolzenen Schokolade auf den Topf setzen und auf 28 °C (weiße Schokolade, Vollmilchschokolade) oder 32 °C (Zartbitterschokolade) erwärmen – dann verarbeiten.

• Die kalten Teigkugeln nun nach und nach mit der Schokolade überziehen: Cake Ball eintauchen, mit Hilfe einer Gabel schnell in der Schokolade herumwälzen, überschüssige Schokolade abklopfen und auf ein mit Backpapier belegtes Blech oder Tablett legen.

• Einen Gefrierbeutel mit einer geschlossenen Ecke in ein Glas hineinlegen und den restlichen Beutel über den Rand falten – so dass sich ein Spritzbeutel ergibt.

• Die restliche Schokolade in diesen Spritzbeutel hineingeben. Beutel zudrehen, die Spitze vorsichtig abschneiden und die schokolierten Cake Balls kreuz und quer mit Schokoladenstreifen überziehen.

• Die Kuchenbällchen nochmals in die Kühlung geben und dann servieren. Gut gekühlt gelagert und fest verschlossen in einer Dose lassen sich die Cake Balls auch gut ein bis zwei Tage vor einer Feier ganz stressfrei vorbereiten.

2. Kekse

Vier Rezepte sind hier zusammengekommen, alle mehrfach
erprobt und in meinem Haushalt vielfach weggeknuspert.
Dabei sind: Ein Basisrezept für Butterkekse – das auch
wunderbar für Prägekekse oder Keksstempel verwendet
werden kann –, ein tolles Rezept für Vorratskammerkekse (hier
kann einfach alles hineinwandern, was gerade an passenden
Zutaten vorhanden ist), so wie vegane und superschokoladige
Brownie Bites und glutenfreie Mandelkekse, die im Nu
zusammengerührt sind.

Vanillige Butterkekse

Diese Kekse sind ein wundervolles Basisrezept für buttrige Mürbekekse, die bei richtiger Lagerung auch noch nach ein paar Wochen gut schmecken. Der Teig lässt sich toll verarbeiten und ist leicht mit Gewürzen aromatisierbar. Vanille ist ein Klassiker – aber warum dort Halt machen?

Die Butterkekse lassen sich das ganze Jahr herum backen und sind auch wunderbar als Weihnachtskekse verwendbar. Da der Teig kein Backpulver enthält, kann er für Prägerollen oder Prägestempel genutzt werden. Wer es mürber mag, fügt einfach einen Teelöffel Backpulver hinzu. Die Menge reicht für zwei Bleche Kekse.

Zutaten

250 g Mehl
125 g Butter (kalt)
100 g Puderzucker (gesiebt)
⅛ TL gemahlene Vanilleschote
(alternativ: Mark 1 Vanilleschote, Zimt, Kardamom, Macis,
Orangenschale, Zitronenschale ...)
1 großzügige Prise Meersalz (fein)
1 Ei (M)

Zubereitung

- Das Mehl mit der gemahlenen Vanille, dem Salz und dem gesiebten (!) Puderzucker vermengen.

- Die Mehlmischung nun rasch in einer Küchenmaschine (oder mit einem Rührgerät) erst mit der in kleine Stücke geschnittenen Butter und dann mit dem Ei verkneten.

- Der Teig ist erst total krümelig, fügt sich nach etwas Kneten dann aber zu einem Klumpen, der von der Konsistenz her ähnlich wie Knetmasse ist.

- Teig zu einer Kugel formen, in Frischhaltefolie oder einer verschlossenen Plastikdose für 30-60 Minuten im Kühlschrank ruhen lassen.

- Den Teig kurz auf der bemehlten Arbeitsfläche durchkneten. Er ist dank des Puderzuckers wunderbar geschmeidig und sollte nicht klebrig sein. Mit einem Nudelholz auf 4-5 Millimeter Dicke ausrollen.

→ **Prägerolle & Stempel:** Damit die Gravur der Rolle nicht kleben bleibt, wird einfach die Oberfläche des ausgerollten Teiges mit Mehl bestäubt. Dafür mit einem Löffel etwas Mehl darüber streuen und mit der Hand vorsichtig verstreichen. Mit etwas Druck wird die Prägerolle nun über den Teig gerollt und das Muster drückt sich hinein.

• Die Kekse mit Plätzchenausstechern ausstechen und auf ein mit Backpapier bezogenes Blech befördern.

• Im vorgeheizten Ofen (Umluft, 160 °C, mittlere Schiene) für 10-15 Minuten backen, bis die Kekse anfangen, außen leicht golden zu werden. Die Backzeit ist ein wenig davon abhängig, wie dick der Teig tatsächlich ausgerollt ist. Je dünner, desto kürzer – logisch, oder?

• Blech aus dem Ofen nehmen, die Kekse darauf auskühlen lassen und danach in einem Glas oder einer Dose luftdicht verwahren. Bei guter Lagerung halten sich die Kekse so mehrere Wochen.

Vorratskammerkekse

Und noch ein schönes, unglaublich wandelbares Grundrezept. In den angerührten Teig wandert bei mir alles, was gerade da ist, worauf wir Lust haben oder was verbraucht werden muss. Meist ist es eine Mischung aus Nüssen, Cranberrys, Rosinen und Zartbitterschokolade – andere Zutaten funktionieren natürlich auch super! Die Schokolade könnte beispielsweise auch durch Schokoladenlinsen ersetzt werden. Überlegt, was ihr gerne in euren Lieblingskeksen haben möchtet, und dann legt los!
Die Menge reicht für zwei Bleche Kekse.

Zutaten

230 g Mehl
150 g Zucker
150 g Margarine (geschmolzen)
100 g Trockenfrüchte (grob gehackt, z.b. Cranberrys, Aprikosen, Rosinen ...)
100 g Zartbitterschokolade (grob gehackt, alternativ: andere Sorten Schokolade)
150 g Nüsse nach Wahl (grob gehackt, z.b. Cashews, Haselnüsse, Walnüsse ...)
1 Ei
45 g Milch (alternativ: Wasser, Pflanzendrink, S. 73)
1 TL Backpulver
¼ TL gemahlene Vanilleschote
(alternativ: Mark 1 Vanilleschote)
1 großzügige Prise Meersalz

Zubereitung

- Mit einem Schneebesen die geschmolzene Margarine mit Zucker, Salz und Vanille gründlich verrühren, bis sich eine gleichmäßige, sirupartige Konsistenz ergibt.

- Falls nötig, die Zucker-Fett-Masse etwas runterkühlen lassen und dann das Ei und die Milch einarbeiten.

- Anschließend wird schrittweise das mit Backpulver vermengte Mehl mit einem Löffel untergemischt, ganz zum Schluss Schokolade, Trockenfrüchte und Nüsse unterheben.

- Die Schale mit dem cremigen Teig mit Folie abdecken und für eine Stunde in den Kühlschrank stellen. Der Teig zieht hier etwas an.

- Mit zwei Esslöffeln, und mit genug Abstand, großzügige Teighaufen auf das Backblech setzen. Im vorgeheizten Ofen (Umluft, 175 °C, mittlere Schiene) für 8-10 Minuten backen.

- Auf dem Blech auskühlen lassen.

Brownie Bites (vegan)

Wunderbar schokoladige Brownie-Kekse. Frisch gebacken sind sie außen leicht knusprig und innen weich. Wohlverpackt aufbewahrt werden sie insgesamt soft und sind wie kleine Stückchen Schokoladenkuchen.

Das Rezept reicht für zwei Bleche und ergibt circa 30 Kekse.

Zutaten

250 g Mehl
170 g Zucker
100 g neutrales Öl
50 g echter Kakao
120 g Pflanzendrink (z.B. Haselnussdrink, S. 73)
1 TL Backpulver
¼ TL Meersalz
⅛ TL gemahlene Vanilleschote
(alternativ: Mark ½ Vanilleschote)
optional statt Vanille: ¼ TL Zimt, Apfelkuchengewürz,
Kardamom oder andere Gewürze nach Vorliebe

Zubereitung

- Bis auf den Zucker alle trockenen Zutaten in einer Schale miteinander vermengen.

- Mit einem kleinen Schneebesen in einer Backschüssel alle feuchten Zutaten und den Zucker miteinander verrühren, bis sich eine dicke, etwas schaumige Masse ergibt.

- Nach und nach mit einem großen Löffel die trockenen Zutaten einarbeiten.

- Mit zwei Teelöffeln walnussgroße Portionen vom Teig abstechen und mit etwas Abstand auf das mit Backpapier bezogene Blech setzen.

- Im vorgeheizten Ofen (Umluft, 170 °, mittlere Schiene) für 10 Minuten backen. Auf dem Blech auskühlen lassen.

Schnelle Mandelkekse (glutenfrei)

Dieses Keksrezept besitzt eine angenehm kurze Zutatenliste, ist unglaublich schnell von Hand zusammengerührt und sehr wandelbar. Es erinnert ein wenig an Makronen, hier wird aber nicht erst umständlich das Ei getrennt und das Eiweiß zu Schaum geschlagen, sondern einfach alles auf einmal verwendet. Das Rezept reicht für ein Blech und ergibt circa 12 große Mandelkekse.

Zutaten

1 Ei (M)
75 g Zucker
90 g geriebene Mandeln
optional: Schokoladenraspel, gemahlene Vanille, Orangenschale, Zimt, Kardamom, Macis, Koriandersaat, Piment,
Anis

Zubereitung

- In einer Backschüssel mit einem Schneebesen das Ei mit
  dem Zucker verschlagen, bis die Masse dick, hell und
  cremig-schaumig ist. (Das geht erstaunlich rasch, so dass es
  bei der kleinen Menge kaum lohnt, eine Küchenmaschine
  anzuwerfen.)

- Die Mandeln unterheben. Die Masse sollte jetzt noch flüssig
  sein.

- Mit Löffeln Kleckse aufs Backblech setzen, auf Abstand
  achten.

- Die Mandelkekse im vorgeheizten Ofen (Umluft, 150 °C,
  mittlere Schiene) für 12-15 Minuten backen, bis der Rand
  anfängt zu bräunen.

- Die Kekse im Backofen bei geöffneter Klappe auskühlen
  lassen, anschließend in einer fest verschlossenen Dose trocken und dunkel lagern.

3. Konfekt & Karamell

Die hier zusammengetragenen süßen Kleinigkeiten sind nicht nur für einen selbst verführerisch, sondern eignen sich auch noch hervorragend zum Verschenken. In ein schönes Schraubglas gefüllt, mit Schleife und handgeschriebenem Etikett versehen, kommen diese Süßigkeiten bei fast allen gut an – egal ob Mandel-Karamell, supergesunde Energy Balls, sündig-süßes Kokos-Konfekt oder megaschokoladige Whiskytrüffel. Und ganz zufällig sind auch noch alle vier Rezepte glutenfrei.

Energy Balls (glutenfrei)

Der Name sagt es schon: Die kleinen Rohkost-Kugeln haben es in sich und geben viel Energie. Ich habe sie als Teenie auf einem Festival lieben gelernt. Die Energiebällchen sind aber auch ein toller Ersatz für Müsli- oder Energieriegel und gute Begleiter – vom Spielplatzbesuch bis zum Wanderurlaub. Trocken und luftdicht in einer Dose aufbewahrt, müssen sie auch nicht sofort verbraucht werden. Das Rezept ist zudem ein weiteres Vorratskammer-Highlight: Je nach Vorräten oder persönlicher Ernährungsphilosophie können die Zutaten angepasst werden. Keine Pflaumen da? Dann werden es halt die Aprikosen. Die geriebenen Haselnüsse sind alle? Gut, dann geht der Griff zu geriebenen Mandeln oder es werden schnell ein paar Walnüsse oder Cashews gehackt. Auch die Gewürze lassen sich nach Geschmack austauschen, Vorschläge finden sich in der Zutatenliste.

Das Rezept ist zudem leicht veganisierbar, indem statt Honig Agavendicksaft oder Reissirup Verwendung finden.

Zutaten

150 g softe getrocknete Pflaumen (entsteint)
125 g geriebene Haselnüsse
75 g Honig (flüssig)
⅛ TL Ceylon Zimt (gemahlen)
⅛ TL gemahlene Vanilleschote
alternativ: Kardamom, Macis, echter Kakao

Zubereitung

- Pflaumen fein hacken. Haselnüsse mit den gemahlenen Gewürzen vermischen.

- In einer Schale mit den Händen die Nüsse mit den gehackten Pflaumen und dem flüssigen Honig verkneten.

- Jetzt sollte ein fest zusammenklebender Nussteig entstanden sein. Falls zu feucht, noch etwas Nüsse dazu geben. Falls zu trocken, noch etwas Honig hinzufügen.

- Kugeln in Pralinengröße formen. Die fertigen Energy Balls nochmals durch gemahlene Haselnüsse wälzen, so dass sie gut ummantelt sind. So lassen sich die Bällchen problemlos in einer Dose lagern und kleben nicht zusammen.

Burfi: Kokos-Konfekt mit Kardamom (glutenfrei)

Auch diese Süßigkeit besteht aus nur drei Zutaten: gezuckerter Kondensmilch, Kokosraspeln und frisch gemahlenem Kardamom. Burfis sind typisch indische Köstlichkeiten, die es in den verschiedensten Geschmacksrichtungen gibt. Hier kommen gerne auch Kichererbsenmehl, Mandeln, Pistazien, Erdnüsse oder Cashews zum Einsatz – sogar von Schoko-Burfi habe ich schon gelesen. Wer Pralinen möchte, kann auf das abschließende Wälzen in Kokosraspeln verzichten, die Kugeln mit einem Zahnstocher aufpieksen und mit der geschmolzenen Lieblingsschokolade der Wahl überziehen.

Zutaten

300 ml gezuckerte Kondensmilch (alternativ: selbstgekochte Milchcreme, S. 78)
150 g getrocknete Kokosraspel
1/2 TL Kardamomsaat (frisch gemahlen oder zerstoßen)
50 g getrocknete Kokosraspel zum Darinwälzen

Zubereitung

- Die gezuckerte Kondensmilch bei mittlerer Temperatur in einem kleinen Topf vorsichtig und unter stetem Rühren zusammen mit dem Kardamom aufkochen. Sie darf nicht anbrennen.

- Die Kokosraspel in den Topf geben, bei geringer Hitze weiterrühren bis die Masse anzieht und einen dicken Teig ergibt. Das geht recht schnell.

- Den Topf vom Herd nehmen und die Kokosmasse abkühlen lassen, bis sie lauwarm ist.

- Mit einem Teelöffel jeweils etwas von dem Kokosnuss Burfi abstechen und zwischen den Händen zu kleinen Kugeln rollen.

→ **Tipp**: Falls das Rollen nicht funktioniert, ist die Kokosmasse wahrscheinlich nicht genug eingekocht: Also nochmal ab auf den Herd und vorsichtig unter Rühren etwas Einreduzieren lassen. Oder erwärmen und zusätzlich noch ein paar Kokosstreusel einarbeiten.

- Die restlichen Kokosraspel in ein kleines Schälchen geben, drei bis vier frisch gerollte Kugeln vom Kokos-Konfekt hineingeben und die Schale mit kreisförmigen Bewegungen schwenken, bis die klebrige Außenseite der Kugeln mit Kokosraspeln bedeckt ist.

- Die Kokos-Burfi in einer mit Backpapier ausgelegten Dose im Kühlschrank aufbewahren. Dort gelagert, sind sie bis zu einer Woche haltbar. Das Kokos-Konfekt vor dem Schnabulieren allerdings aus dem Kühlschrank nehmen und ein paar Minuten auf Zimmertemperatur kommen lassen.

Mandel-Karamell mit Zimt (glutenfrei & vegan)

Das Rezept ergibt ein hartes Karamell. Auch hier kommen wieder nur drei (na gut – vier, wenn man das Öl als Trennstoff mitzählt) Zutaten aus der Vorratskammer zum Einsatz. Sind keine Mandeln zur Hand, kann man auch hier wieder wunderbar improvisieren und stattdessen zu gehackten Haselnüssen, Walnüssen, Erdnüssen, Cashews oder vielleicht ganz klassisch zu Sesam greifen. Statt zu Zimt könnte man auch mit Kardamom, Koriander, Vanille oder einer sehr großzügigen Prise Meersalz aromatisieren. Salzkaramell ist köstlich! Wichtig ist nur, die Nuss- oder Mandelstücke nicht zu groß zu wählen, da sich das Karamell sonst schlecht ausstreichen lässt.
Schon Mandelstifte empfand ich von der Handhabung her als nicht so geeignet.

→ **Tipp**: In lange Stücke geschnitten und nach dem Erkalten in Schokolade gedippt, ist das Karamell sogar noch eine Nummer verboten-sündiger.

Zutaten

200 g gehackte Mandeln
250 g Zucker
¼ TL Ceylon-Zimt (gemahlen)
Sonnenblumenöl

Zubereitung

- In einer kleinen Pfanne die Mandeln ohne Fett unter stetem Rühren rösten, bis sie hell- bis goldbraun sind. In eine Schale geben und zur Seite stellen.

- Die Pfanne auswischen und den Zucker hineingeben. Bei mittlerer Hitze langsam schmelzen lassen. Dabei immer wieder rühren, damit nicht ein Teil des Karamells verbrennt und bitter wird, während ein Teil noch kristallin ist.

→ **Achtung**: Bitte beim Hantieren mit flüssigem Zucker ganz besonders vorsichtig arbeiten!

- Wenn der Zucker komplett geschmolzen und honigfarben karamellisiert ist, den Zimt rasch unterrühren und dann schnell die noch warmen Mandeln unterziehen, bis alle Mandelstückchen mit Karamell überzogen sind.

- Die Karamellmasse in eine dünn mit Sonnenblumenöl ausgepinselte, metallene Auflaufform (alternativ: Backblech) geben und mit der beölten Rückseite eines Esslöffels rasch glatt ausstreichen. Zwischendurch das Öl auf dem Löffel erneuern, er bleibt sonst kleben.

- Das Karamell kann nur geschnitten werden, so lange es noch warm und geschmeidig ist. (Danach hilft nur noch ein Hammer und ein Splitterschutz.) Mit einem geölten Messer oder einem Pizzaschneider das Mandelkaramell schnell in mundgerechte kleine Rechtecke zuschneiden. Es ist nicht schlimm, wenn die Karamellmasse sich nach dem Schnitt wieder etwas verbindet. Die Schnitte dienen als Bruchkanten.

- Das Mandelkaramell komplett erkalten und hart werden lassen und dann in die vorgezeichneten Stücke brechen und in luftdichten, trockenen Gefäßen verwahren.

Verführerische Whisky-Trüffel (glutenfrei)

Eine knackige Hülle aus Vollmilchschokolade, ein Biss und dunkle, zartschmelzende Ganache mit den Aromen von Whisky und Vanille wird enthüllt ... Klingt doch verführerisch oder nicht? Dieses Rezept habe ich für einen Lieblingsmenschen entworfen, der sich sehr über das Geschenk freute.
Statt Whisky kann man für das Aroma natürlich auch zu anderen hochprozentigen Getränken greifen und beispielsweise Rum, Cognac oder Cointreau nutzen.

→ **Tipp**: Die Trüffel halten sich im Kühlschrank einige Zeit. Für vollen Geschmack und eine cremige Konsistenz sollte man sie allerdings rechtzeitig herausnehmen und auf Raumtemperatur bringen.

Zutaten

200g Zartbitterkuvertüre
50 g Sahne
50 g Puderzucker
30 g Whisky
⅛ TL gemahlene Vanilleschote
(alternativ: Mark 1 Vanilleschote)

Als Überzug: 200g Vollmilchkuvertüre oder einfach echtes Kakaopulver zum Darinwälzen

Zubereitung

- Sahne kurz aufkochen, Temperatur senken. Whisky, Vanille und Puderzucker einrühren.

- Bei geringer Temperatur die klein gehackte Zartbitterkuvertüre hineingeben und unter Rühren schmelzen. Nicht mehr kochen lassen!

- Die Schokoladenmasse, der Fachbegriff hierfür ist „Ganache", in eine Schüssel füllen, abkühlen lassen und dann in den Kühlschrank stellen. Hier soll die Schokoladenmasse anziehen und fester werden, damit sie formbar wird. Allerdings muss man ab und an einen Kontrollblick darauf werfen, die Ganache sollte nicht so weit gekühlt werden, dass sie steinhart wird.

- Mit einem Teelöffel eine pralinengroße Menge von der Ganache abstechen, schnell zwischen den Handflächen zu einer Kugel rollen und auf ein mit Backpapier bezogenes Tablett setzen. Mit dem Rest der Masse ebenso verfahren.

→ **Tipp**: Sind die gerollten Trüffel durch die Bearbeitung und Raumtemperatur zu weich geworden kann man das Tablett zwischendrin für ein paar Minuten in den Kühlschrank geben, um die Schokoladentrüffel durchkühlen zu lassen.

- Die Milchschokolade hacken und schmelzen. Wer später keine Grauschleier auf der Schokolade möchte, sollte sie richtig temperieren. Hierfür empfehle ich die Impfmethode (S. 24).

- Die Trüffel auf eine Gabel oder auf einen Zahnstocher setzen und kurz in die Vollmilchkuvertüre tauchen, um sie damit zu überziehen. Anschließend auf ein mit Backpapier belegtes Tablett setzen.

- Die Schokolade etwas anziehen lassen und mit einer Gabel auf der Oberfläche herumtupfen, damit sich die für Schoko-ladentrüffel typischen Zipfelchen bilden.

→ **Alternativ**: Die Whiskytrüffel nicht mit Schokolade über-ziehen, sondern die Kugeln direkt nach dem Formen einfach in echtem Kakaopulver wälzen. Sieht ebenfalls edel aus und schmeckt genauso lecker.

4. Pudding

Ein guter, warmer, frisch gekochter Pudding kann manchmal zum Seelenretter werden. In diesem Kapitel finden sich vier verschiedene Puddingrezepte. Natürlich die Klassiker Schokolade und Vanille, aber mit Mahallebi auch eine wundervoll orientalische Version sowie Bananenpudding – der sich hervorragend zur Resteverwertung von zu reifen Bananen eignet.

Das Schöne: all diese Desserts sind von Natur aus glutenfrei und – wenn man Milchalternativen wie beispielsweise Haselnussmilch zur Herstellung wählt – auch ganz simpel veganisierbar und damit auch laktosefrei. Wer kann da noch Gegenargumente finden?

Mahallebi: arabischer Milchpudding mit Kardamom (glutenfrei)

Ich liebe Kardamom, dieser arabische Milchpudding kann aber auch mit Orangenwasser oder einem Teelöffelchen Rosenwasser aromatisiert werden. Die Version mit Rosenwasser ist auch die bekannteste – manchmal in Kombination mit etwas Kardamom. Hier lohnt sich das Austesten.

→ **Tipp**: Der Pudding hat genug Stand für Puddingformen. Zur Dekoration können geröstete, gesalzene Pistazien genutzt werden.

Zutaten

500 ml Milch
45 g Speisestärke
40 g Zucker
½ TL Kardamomsaat (frisch gemahlen oder zerstoßen)
1 Prise Meersalz
Pistazien zur Dekoration

Zubereitung

- 6 Esslöffel der Milch abnehmen und mit der Stärke, Salz und dem Zucker klümpchenfrei anrühren.

- Die restliche Milch zusammen mit dem fein gestoßenen Kardamom und dem Salz in einem Töpfchen aufkochen.

- Vom Herd nehmen und die Stärkemilch mit einem Löffel unterrühren.

- Den Topf zurück auf den Herd stellen und bei geringer Hitze unter Rühren nochmals für zwei Minuten aufkochen lassen, so dass der Pudding richtig anzieht.

- Den Kardamompudding in eine bereitgestellte Schale füllen.

- Die Pistazien schälen, hacken und den Milchpudding damit bestreuen.

Schokoladenpudding (glutenfrei)

Ein Klassiker. Schmeckt schlicht unnachahmlich-schokoladig gut. Wer es trotzdem noch schokoladiger braucht, kann ein paar Stückchen Zartbitterschokolade in die heiße Milch einrühren.

→ **Tipp**: Der Pudding hat genug Stand für Puddingformen. Selbst ein einfacher Schokopudding wird so mit ein paar Toppings wie Streuseln, Sahne oder gehackten Nüssen zum Hingucker.

Zutaten

500 ml Milch
45 g Zucker
38 g Speisestärke
25 g echter Kakao
1 Prise Meersalz
optional: 1 Msp gemahlene Vanilleschote

Zubereitung

• Alle trockenen Zutaten in einer kleinen Schüssel miteinander vermengen.

• Das so entstandene Puddingpulver mit 6 Esslöffeln der Milch klümpchenfrei anrühren.

• Die restliche Milch in einem Topf zum Kochen bringen, vom Herd nehmen und die Stärkemilch mit einem Löffel unterrühren.

• Den Topf zurück auf den Herd geben und den Schokoladenpudding bei geringer Hitze und unter Rühren nochmals für 2 Minuten kochen, bis er richtig anzieht.

• Den Pudding in einzelne Gläser, eine große, flache Schale oder kalt ausgespülte Puddingformen füllen.

Vanillepudding (glutenfrei)

Der andere deutsche Puddingklassiker: Vanille! Das hinzuge-
fügte Kurkuma dient rein der Optik und kann auch einfach
weggelassen werden.

→ **Tipp**: Der Pudding hat genug Stand für Puddingformen.
   Auch hier lässt sich der Pudding leicht mit ein paar Streu
   seln, Schokoladensirup (S. 68) oder Sahne noch aufpeppen.
   Eine wundervolle Kombination sind tiefgefrorene Him
   beeren am Schüsselgrund, auf die man den frisch gekochten
   Pudding gießt.

Zutaten

500 ml Milch
45 g Zucker
38 g Maisstärke
1 Prise Meersalz
⅛ TL gemahlene Vanilleschote
(alternativ: Mark 1 Vanilleschote)
⅛ TL Kurkuma

Zubereitung

- Bis auf die Vanille alle trockenen Zutaten in einer kleinen Schüssel miteinander vermengen.

- Das so entstandene Puddingpulver mit 6 Esslöffeln der Milch anrühren.

- Die restliche Milch zusammen mit der Vanille in einem Topf zum Kochen bringen, vom Herd nehmen und die Stärkemilch mit einem Löffel unterrühren.

- Den Topf zurück auf den Herd geben und den Vanillepudding bei geringer Hitze und unter Rühren für 2 Minuten kochen, so dass er anzieht.

- Den Pudding in einzelne Gläser, eine große, flache Schale oder kalt ausgespülte Puddingformen füllen.

Bananenpudding (glutenfrei)

Liegen Bananen zu lange, sind sie schnell zu reif, um sie pur zu genießen. Hier zeige ich, wie man diese überreifen Früchte in köstlich-cremigen Bananenpudding transformiert. Reife Bananen sind meist so süß, dass man keinen zusätzlichen Haushaltszucker hinzufügen muss. Aber da Banane ja nicht immer gleich Banane ist, gilt: Abschmecken und eventuell nachsüßen.

→ **Tipp**: Der Pudding hat genug Stand für Puddingformen. Ich empfehle hierzu den selbstgemachten Schokoladensirup (S. 68).

Zutaten

350 g geschälte, vollreife Bananen (~ 4 Stück)
350 g Milch
50 g Speisestärke
1 Prise Meersalz
optional: ⅛ TL gemahlene Vanilleschote
(alternativ: Mark 1 Vanilleschote)

Zubereitung

- In einer Schüssel die Bananen mit einer Gabel zu einem
  feinen Brei zerdrücken oder mit dem Pürierstab pürieren.

- In einem weiteren Gefäß die Maisstärke mit 6 Esslöffeln der
  abgemessenen Milch anrühren.

- Die restliche Milch, den Bananenbrei, Salz und Vanille in
  einen Topf geben und aufkochen.

- Topf vom Herd nehmen und die in die Milch eingerührte
  Speisestärke mit einem Schneebesen in die Bananenmasse
  einarbeiten.

- Den Topf zurück auf den Herd geben und den Bananenpudding bei geringer Hitze und unter Rühren für 2 Minuten
  kochen, so dass er anzieht.

- Den Pudding in einzelne Gläser, eine große, flache Schale
  oder kalt ausgespülte Puddingformen füllen.

5. Süße Hauptmahlzeit

Manchmal braucht es ein süßes Hauptgericht und nicht nur nen
Keks oder ein Stück Karamell. Zwei einfache Gerichte stelle
ich vor: Dicke Buchweizenpfannkuchen und Grießbrei – beides
schöne Familienessen, die auch bei Kindern gut ankommen
und gleich noch mit einer kleinen Portion Obst einhergehen.
Mit einer Milchalternative statt Kuhmilch gekocht, ist der
Grießbrei auch gleich noch vegan.

Buchweizenpfannkuchen (glutenfrei)

Der Teig dieser wunderbar dicken Buchweizenpfannkuchen nach US-amerikanischem Vorbild ist nur schwach gesüßt, da sie mit Ahornsirup verzehrt werden. Alternativ können sie auch mit Honig, Milchcreme (S. 78) oder Schokoladensirup (S. 68) getoppt werden. Das im Buch vorgestellte Apfelkompott (S. 82) passt ebenso dazu.
Das Rezept ist für zwei Personen.

→ **Tipp**: Falls Pfannkuchen übrig bleiben, kann man diese am nächsten Tag einfach aufschneiden, auftoasten und hat so einen hervorragenden glutenfreien Brotersatz!

Zutaten

250 ml Milch
200 g Buchweizenmehl
1 Ei
2 TL Backpulver
2 TL Zucker
1 große Prise Meersalz
neutrales Öl zum Braten
Ahornsirup und etwas Butter zum Servieren

Zubereitung

- Alle trockenen Zutaten in einer Schale vermengen, die feuchten Zutaten in einer anderen.

- Die Flüssigkeit zu der Mehlmischung geben, grob mischen – so, dass sich die Zutaten gerade gut verbunden haben – und dann bei mittlerer Hitze kleine Pfannkuchen in einer geölten Pfanne ausbacken.

- Wenn an der Oberfläche der Pancakes Blasen aufsteigen und sie fest ist: wenden und die andere Seite ebenfalls in Fett ausbacken.

Grießbrei

Dieser Milchbrei polarisiert sehr stark: Entweder man hasst ihn oder liebt dieses Gericht heiß und innig, das mit den verschiedensten Toppings bereichert werden kann. Für viele ist es ein absolutes Kindheitsessen und natürlich kommt es besonders gut bei Kindern an – aber auch Erwachsene essen eben durchaus gerne noch Grießbrei.

Ob als süßes Mittag- oder Abendessen oder als warmer Getreidebrei am Morgen: Der Brei kann relativ puristisch nur mit Zimtzucker (S. 85) und vielleicht einem Stückchen Butter genossen werden. In unserer Familie gibt es auch immer noch Früchte dazu: Apfelkompott (S. 82), Apfelmus, eingelegte Kirschen oder frische oder tiefgefrorene Beeren.

Bei der Wahl der Toppings kann man kreativ sein: Wie wäre es, den Milchbrei mal mit Zuckerstreuseln, Schokoladensirup (S. 68), gehackten Nüssen, Milchcreme (S. 78), Trockenfrüchten, süßem Pesto mit Minze (S. 80) oder frischer Mango Bekanntschaft schließen zu lassen?

Da der Grießbrei in diesem Grundrezept selbst nicht gesüßt ist, kann er im Grunde auch mit herzhaften Beilagen versehen werden. Was spricht eigentlich gegen ein paar buttrige Erbsen mit Curry oder etwas knusprigen Bacon?

→ **Tipp**: Übriggebliebenen Grießbrei noch warm in eine Puddingform oder Schale gießen und nach dem Abkühlen in den Kühlschrank stellen. Der Brei zieht noch an und wird beim Abkühlen so fest, dass Reste am nächsten Tag in Scheiben geschnitten und als Dessert angerichtet verzehrt werden können.

Das Rezept reicht für zwei Personen.

Zutaten

1 L Milch

100 g Weichweizengrieß

Zubereitung

- In einem Topf die Milch zum Kochen bringen.

- Den Topf vom Herd nehmen, den Grieß einrieseln lassen und währenddessen mit einem Schneebesen rühren.

- Den Topf zurück auf die Herdplatte geben und auf niedriger Temperatur für 5-10 Minuten unter Rühren köcheln lassen, bis er anzieht.

- Warm servieren!

6. Getränke & Sirups

Schokolade lässt sich nicht nur gut verbacken, sondern auch hervorragend in flüssiger Form konsumieren. Deswegen an dieser Stelle drei Rezepte für Kakao – wobei der Schokoladensirup sehr vielseitig eingesetzt werden kann. Zusätzlich gibt es noch ein Rezept für einen blitzschnell selbstgemachten pflanzlichen Milchersatz aus Haselnüssen. Mit dem Haselnussdrink lassen sich viele Rezepte aus dem Buch veganisieren und es ist adäquater Ersatz, falls einfach mal zufällig keine Milch im Hause ist.

Der Erdbeersirup aus Tiefkühlerdbeeren ist kein klassischer Fall für die Vorratskammer – aber da das fertige Produkt so gut lagerbar und als Limonadensirup eine Bereicherung ist, drücke ich hier ein Auge zu.

Kakaopulver (glutenfrei, vegan)

Dieses köstliche selbstgemixte Kakaopulver ist auch ein schönes Geschenk für liebe Freund*innen. Es müssen natürlich nicht alle vorgeschlagenen Gewürze verwendet werden – Hauptsache Puderzucker und echter Kakao kommen zum Einsatz, vielleicht noch ein wenig Zimt. Hier kann gerne auch etwas experimentiert werden, indem beispielsweise ein Teelöffel Apfelkuchengewürz zum Einsatz kommt.

Will man den Kakao noch schokoladiger machen, kann man zusätzlich geraspelte Zartbitterschokolade zur Mischung hinzugeben. Das Rezept reicht, um ein kleines Schraubglas zu füllen.

Dosierung: 1-2 TL auf 200 ml heiße Milch oder heißen Pflanzendrink (S. 73).

Zutaten

6 EL Puderzucker
5 EL echtes Kakaopulver
½ TL getrocknete, pulversierte Orangenschale
¼ TL gemahlene Vanilleschote
⅛ TL Kardamomsaat (frisch gemahlen oder zerstoßen)
⅛ TL Zimt

Zubereitung

- Alle schon pulverisierten Zutaten (Puderzucker, Kakaopulver, Vanille) in eine Schüssel geben.

- Die Kardamomsamen im Mörser ganz fein zerstampfen. (Kurz innehalten und diesen unglaublichen Duft von frisch gemörsertem Kardamom genießen. So wunderbar.)

→ **Tipp**: Die von mir verwendete, gemahlene Bio-Orangenschale enthält meist noch ein paar größere Bröckchen und wird deswegen ebenfalls nochmals gemörsert. Alle Gewürze müssen ganz fein zerkleinert sein.

- Kardamom und Orangenschale zu den übrigen Zutaten geben und alles sehr gründlich miteinander vermengen, bis ein gleichmäßig vermischtes Kakaopulver entstanden ist.

- In ein fest schließendes Vorratsgefäß geben. Trocken, kühl und dunkel gelagert hält sich der Kakao einige Monate.

Trinkschokolade am Stiel (glutenfrei, vegan)

Trinkschokolade kann nicht nur mit Vanille aromatisiert werden. Mögliche Alternativen sind: Zimt, ein Hauch Chilipulver, eine Prise Tonkabohne, gemahlener Kardamom, etwas im Mörser zermahlener Instantkaffee, geriebene Orangen- oder Zitronenschale oder ein paar Tröpfchen aromatisiertes Backöl (zum Beispiel Orange, Vanille, Rum oder Zitrone).
Und warum nicht direkt noch ein paar Mini-Marshmallows unterrühren oder oben in die anziehende Schokolade drücken? Auch bei der Schokoladensorte kann man frei zwischen weißer, Vollmilch- oder Zartbitterschokolade wählen. Wer es besonders hübsch möchte, kann die verschiedenen Sorten in Schichten in

die Silikonform geben. Für die Herstellung werden Pralinen- oder Eiswürfelformen aus Silikon benötigt. Als Stiele können beispielsweise Schaschlikspieße aus Holz, hölzerne Eisstiele oder Einweg-Holzlöffel benutzt werden.

Dosierung: 1 Portion Trinkschokolade am Stiel kommt auf 200 ml heiße Milch oder Pflanzendrink. Kurz stehen und schmelzen lassen, und dann mit dem Holzstäbchen umrühren, bis sich die Schokolade aufgelöst hat.

Das Rezept reicht für circa 15-17 Stück.

→ **Tipp**: In herzförmigen Pralinen- oder Eiswürfelformen hergestellt, ist die Trinkschokolade ein besonders schönes Geschenk für Herzensmenschen.

Zutaten

200 g Zartbitterschokolade oder Zartbitterkuvertüre
⅛ TL gemahlene Vanilleschote
(alternativ: Mark 1 Vanilleschote)
½ TL Ceylon Zimt (gemahlen)
2 EL Puderzucker (gehäuft)

Zubereitung

- Die Schokolade in grobe Stücke brechen und im Wasserbad bei mäßiger Hitze unter Rühren einschmelzen. Ich verwende hier die Impfmethode, damit sich anschließend kein Grauschleier bildet.

- Damit keine Zuckerklümpchen entstehen, den Puderzucker in die geschmolzene Schokolade hineinsieben und zusammen mit dem Zimt unterrühren.

- Die Vanilleschote halbieren, mit einem Messer das Mark herauskratzen und ebenfalls sorgfältig mit der Schokoladenmasse vermischen.

- Mit einem Esslöffel die flüssige Schokolade in die Silikon-Pralinenform geben und erkalten lassen. Bei Raumtemperatur kann dies ein Weilchen dauern.

→ **Tipp:** Ungeduldigen hilft der Kühlschrank oder das Eisfach weiter. Bei diesem Vorgehen unbedingt darauf achten, dass die Schokolade nur wenige Minuten heruntergekühlt wird, da sie sonst zu hart wird, um noch Stäbchen reinzustecken.

- Sobald die Schokolade anzieht und fester wird, Schaschlik-spieße, Eisstiele oder Holzlöffelchen in die Mitte jeden Stü-ckes setzen, die Trinkschokolade endgültig aushärten lassen, aus den Formen lösen und sorgfältig verpacken.

Schokoladensirup (glutenfrei, vegan)

Dieser Aromasirup ist eine hervorragende Ergänzung zu
Kaffee, Cocktails, Gebäck, Puddings, Mehlspeisen aller Art,
Früchten – und vor allem für Eis. Mit kalter oder warmer Milch
lässt sich damit auch schnell Kakao anrühren.

Ich bewahre meinen Schokoladensirup im Kühlschrank auf, bei
hygienischer Einfüllung und Entnahme hält er sich hier problemlos einige Wochen und kann so schnell den Alltag versüßen.

Zutaten

250 ml Wasser
200 g Zucker
100 g echter Kakao
⅛ TL gemahlene Vanilleschote
(alternativ: Mark 1 Vanilleschote)
Prise Meersalz

Zubereitung

- Bis auf den Kakao alle Zutaten in einen kleinen Topf geben und erwärmen.

- Wenn sich der Zucker aufgelöst hat, den Kakao hinzugeben und mit einem Schneebesen einarbeiten.

- Aufkochen und dann noch 5 Minuten weiterköcheln lassen.

- Direkt in ein heiß ausgekochtes Glas füllen und verschließen.

- Der Schokoladensirup zieht beim Abkühlen noch an.

→ **Lagerung**: Im Kühlschrank.

Erdbeersirup (glutenfrei, vegan)

Das Rezept ergibt ein leuchtend rotes, herrlich zuckersüßklebriges und erdbeeriges Gebräu, das auch noch im Winter Freude macht. Beim Öffnen eines Glases schlägt einem eingefangener und konzentrierter Sommererdbeerduft entgegen. Der pure Sirup selbst schmeckt einfach unglaublich süß und erdbeerig. Nutzen kann man den Fruchtsirup zum Beispiel als Grundlage für Erdbeerlimonade, für Cocktails und andere Mixgetränke, zum Aromatisieren von Dressings oder schlicht als Erdbeersauce auf Eiscreme.

Dosierung: Für Erdbeerlimonade 2-4 TL Sirup in ein Glas geben und mit 200 ml kaltem, sprudelnden Mineralwasser aufgießen. Kurz umrühren und ausschlürfen.

Zutaten

300 g TK-Erdbeeren (alternativ: geputzte, frische Erd
beeren)
250 g Wasser
circa 450 g Zucker (abhängig von der Menge des aus
gekochten Erdbeersaftes)
Saft ½ Zitrone

Zubereitung

- Die kleingeschnittenen Erdbeeren zusammen mit dem
  Wasser in einem Topf geben. Aufkochen und dann bei klei-
  ner Hitze mit Deckel 20 Minuten köcheln lassen.

- Die ausgekochten Früchte durch ein feines Sieb abseihen,
  den Erdbeersaft auffangen.

→ **Tipp**: Die zerkochten Früchte nur sanft mit einem Löffel im
  Sieb ausdrücken, damit keine Trübstoffe in den Saft
  gelangen.

- Die Menge des aufgefangenen Saftes abwiegen und
  zusammen mit der gleichen Menge an Zucker in einen Topf
  geben.
  Bei 450 g Saft wären das also 450 g Zucker.

- Den Zitronensaft abseihen, so dass kein Fruchtfleisch dabei
  ist, und zum Erdbeersaft geben.

- Den Sirup unter Rühren bei geringer Hitze aufkochen, bis sich der Zucker gelöst hat. Mit einem Löffel den sich bildenden Schaum abschöpfen.

- Den heißen Erdbeersirup mit einem Einfülltrichter in ausgekochte Schraubgläser und Flaschen füllen und gut verschließen.

→ **Lagerung**: Im Kühlschrank.

→ **Tipp**: Ich koche die verschlossenen Gläser abschließend zusätzlich für mindestens eine halbe Stunde ein. So hält sich der eingekochte Sirup auch lange ungekühlt in der Vorrats kammer.

→ **Komplettverwertung**: Wer die ausgekochten Fruchtstücke weiterverwerten möchte, kann sie mit circa 300 ml Vodka und einigen Esslöffeln Zucker in einem Einmachglas vermählen. Ein paar Tage durchziehen lassen, bis sich der Zucker aufgelöst hat, abseihen (Früchte verwerfen) und man hat Erdbeerlikör.

Haselnussdrink (glutenfrei, vegan)

Ein Griff in die Vorratskammer, geriebene Haselnüsse oder
Mandeln gezückt, und ab geht es in die Küche. Innerhalb von
wenigen Minuten kann ein veganer Milchersatz selbst

hergestellt werden. Er schmeckt pur hervorragend, im Kaffee oder Tee.

Mit etwas Kakaopulver (S. 63) oder Schokoladensirup (S. 68) angerührt, entsteht trinkbare Schoko-Haselnusscreme. Den Haselnussdrink nach dem Abkühlen im Kühlschrank aufbewahren. Das Rezept ergibt ungefähr 500 ml pflanzlichen Milchersatz.

Zutaten

75g geriebene Haselnüsse (oder Mandeln)
550 g kochendes Wasser
1 TL Reissirup, Agavendicksaft oder Zucker
1 Prise Meersalz (fein)

Zubereitung

- Die Nüsse oder Mandeln in einen Mixbecher mit hoher Wand geben und mit dem kochenden Wasser übergießen.

- Gründlich umrühren, 5 Minuten stehen lassen und dann für mindestens 30 Sekunden mit einem leistungsfähigen Pürierstab gründlich pürieren.

- Die milchige Nussflüssigkeit nun durch ein engmaschiges Sieb filtern (zum Beispiel ein sehr feines Teesieb). Rührt man dabei mit einem Teelöffel, geht es leichter. Die gemahlenen Nüsse auspressen.

- Süßungsmittel der Wahl und Salz unterrühren, anschließend den Nussdrink in ein sauberes Schraubglas oder eine Flasche umfüllen und verschließen. Nach dem Abkühlen im Kühlschrank lagern. Innerhalb der nächsten Tage verbrauchen.

→ **Tipp**: Bleibt der pflanzliche Milchersatz länger stehen, setzen sich verschiedene Schichten ab. Vor Gebrauch das Glas einfach gut schütteln.

7. Aufstriche & Kompott

Süße Brotaufstriche dürfen in diesem Buch natürlich nicht fehlen. Mit sehr reifen Bananen lässt sich in wenigen Minuten eine Schokoladencreme zaubern. Der süße Milchaufstrich ist das selbstgekochte Äquivalent zu gezuckerter Kondensmilch. Bevor es diese riesengroße Auswahl in den Supermärkten gab, war das ein beliebter Brotaufstrich für Süßmäulchen, der heute bei vielen Nostalgie auslöst. Das süße Walnuss-Pesto passt hervorragend zu Brot und als Topping zu anderen Speisen. Und das schnell gezauberte Apfelkompott ist ein gutes Basisrezept.

Schoko-Bananen-Aufstrich (glutenfrei, vegan)

Wer zum Frühstück gerne einen süßen Schokoladenaufstrich zur Hand hat, ist mit diesem leckeren und schnell gemachten Rezept gut bedient. Und ganz nebenbei ist der Aufstrich eine gute Resteverwertung für zu reife Bananen.

Der weitere Vorteil: Es ist kein (Palm-)Fett oder zusätzlicher Zucker nötig.

Der süße, selbstgerührte Brotaufstrich muss allerdings auch am selben Tag aufgebraucht werden, da er geschmacklich und konsistenzmäßig nach kurzer Zeit nachlässt.

Zutaten

1 große vollreife Banane
1 ½ TL echter Kakao
optional: ⅛ TL gemahlene Vanilleschote
(alternativ: Mark 1 Vanilleschote)

Zubereitung

- Banane schälen, in grobe Stücke zerbrechen und mit einer Gabel in einer flachen Schale fein zerdrücken. Alternativ kann ein Pürierstab genutzt werden.

- Kakaopulver und etwas gemahlene Vanilleschote hinzufügen und gründlich miteinander vermischen.

- In ein Servierschälchen füllen, noch fünf Minuten ziehen lassen und dann auf einem knusprigen Stück Brot vernaschen.

Milchcreme (glutenfrei)

Diese Milchcreme ruft bei einigen Mitgliedern meiner Familie nostalgische Freude aus. Bevor Supermarktregale mit allerlei leckeren süßen Dingen gefüllt waren, griffen Naschkatzen gerne zu dicker, gezuckerter Kondensmilch aus der Tube als Brotaufstrich. Hier ist die Konsistenz etwas dünner, dafür kann die Milchcreme als Topping für allerlei Süßspeisen, Gebäck, Torten oder Eis genutzt werden – und natürlich auch, um Kokosnuss-Burfi herzustellen.

Zutaten

500 g Milch
150 g Zucker
optional: ⅛ TL gemahlene Vanilleschote
(alternativ: Mark 1 Vanilleschote)

Zubereitung

* Alle Zutaten in einen Topf geben.

→ **Tipp**: Da die Masse dazu neigt hochzukochen, direkt einen größeren Topf wählen.

* Auf mittlerer Hitze unter Rühren für 20 Minuten einkochen. Die Milchmasse auf ungefähr 250 ml einreduzieren lassen. Je mehr sie einkocht, umso dicker wird sie – so kann hier die Konsistenz reguliert werden.

* Die Milchcreme in ein ausgekochtes Glas oder eine Flasche füllen und verschließen. Nach dem Abkühlen wird die Konsistenz noch ein wenig dicker.

* Das Glas mit der Milchcreme im Kühlschrank aufbewahren. Bei hygienischer Entnahme hält sie sich so ein paar Wochen.

Süßes Walnuss-Pesto (glutenfrei, vegan)

Dieses süße, fruchtige Pesto aus Walnüssen und Konfitüre hält sich angerührt im Kühlschrank ein paar Tage. Es ist ein schönes Topping für die verschiedensten Süßspeisen – von Mahlzeiten wie Haferbrei, Grießbrei, Eierkuchen oder Pudding bis hin zu Joghurt oder Eiscreme.

→ **Tipp**: Sind keine Walnüsse zur Hand, können auch Cashews oder Haselnüsse Verwendung finden. Für einen markanteren Geschmack empfehle ich, diese dann vorher in der Pfanne ohne Fett zu rösten.

Zutaten

50 g Walnüsse
3 EL Aprikosen- oder Pfirsichkonfitüre
2 EL Orangensaft
1 TL frische Minze, fein geschnitten (alternativ: ¼ TL getrocknete Minze)

Zubereitung

- Die Walnüsse mit einem großen Messer oder Wiegemesser klein hacken und in ein Schälchen geben.

- Die Minze waschen, mit etwas Küchenpapier trocken tupfen, die Blättchen abzupfen und ebenfalls fein hacken.

- Die Minze zu den zerkleinerten Nüssen geben, Orangensaft und Konfitüre hinzufügen. Alle Zutaten gründlich miteinander vermischen.

- In ein sauberes Glas füllen, bis zur Verwendung im Kühlschrank aufbewahren und innerhalb weniger Tage verbrauchen.

Schnelles, karamellisiertes Apfelkompott (glutenfrei, vegan)

Das Apfelkompott ist ein schöner Begleiter zu Pfannkuchen (S. 58) oder Grießbrei (S. 60). Oder wie klingt warmes Apfelkompott auf Vanilleeis? Das Rezept eignet sich gut dazu, die schon etwas älteren Kandidaten aus der Obstschale zu verwerten. Hier lohnt es sich, für einen etwas frischeren Geschmack, noch etwas Zitronensaft hinzuzufügen. Wer sich das Karamellisieren nicht zutraut, kann auch einfach zuerst die Äpfel mit ein paar Esslöffeln Wasser in den Topf geben, anschwitzen und dann den Zucker hinzufügen.

→ **Tipp**: Wird Apfelmus bevorzugt, die Äpfel einfach etwas länger kochen, bis sie richtig weich sind und alles einmal durchpürieren.

Zutaten

4 Äpfel (süß-sauer, mittelgroß)
2 EL Zucker
optional: ⅛ TL gemahlene Vanilleschote
(alternativ: Mark 1   Vanilleschote)
einige EL Wasser

Zubereitung

• Zucker in die Pfanne geben und bei mittlerer Hitze karamellisieren lassen (der Zucker wird erst flüssig und dann bräun-
  lich).

• Die ungeschälten aber geputzten und in Würfelchen
  geschnittenen Äpfel dazu geben und gut umrühren.

• Die Apfelstücke anschwitzen lassen, mit einigen Esslöffeln
  Wasser ablöschen, Vanille unterrühren und noch kurz
  köcheln lassen.

• Darauf achten, dass die Äpfel nicht zu einem Brei ver-
  kochen und noch warm servieren.

8. Gewürze

In diesem letzten Kapitel finden sich zwei einfach zu mischende Aromazucker, die ein großes Einsatzgebiet haben: Vom Topping auf dem Morgenbrei über das Würzen von Gebäck bis hin zum Einrühren in Getränke sind Zimtzucker und Orientzucker einsetzbar.

Zimtzucker (glutenfrei, vegan)

Die Herstellung von wunderbar duftigem Zimtzucker ist super schnell und einfach gemacht.

Mit Zimtzucker lässt sich allerlei Gebäck oder Fettgebackenes (wie zum Beispiel Churros oder Krapfen) bestreuen, auf Grießbrei (S. 60) oder Haferbrei ist er natürlich ein absoluter Klassiker. Diese Mischung lässt sich aber auch hervorragend für Zimtschnecken nutzen. Und wer gerne seinen Kaffee süß trinkt: Warum nicht zusätzlich mit etwas Zimt? Wohlverpackt in einem Glas oder einer Vorratsdose hält sich diese Gewürzmischung eine lange Zeit.

Zutaten

60 g Zucker
1 ½ TL Ceylon Zimt (gemahlen)

Zubereitung

* Zucker und Zimt in eine Schale geben, gründlich miteinander vermischen.

* Zimtzucker in ein Schraubglas oder eine Vorratsdose geben und bis zur Nutzung gut verschlossen halten.

Orientzucker (glutenfrei, vegan)

Meinen orientalisch angehauchten Aromazucker habe ich immer im Küchenschrank stehen – perfekt, um ihn über den Haferbrei, auf etwas Keksteig oder in den Tee oder Kaffee zu streuen.

Schnell zusammengemischt und in ein schönes Glas verpackt, macht er sich wunderbar als kleines essbares Mitbringsel und Geschenk aus der Küche.

Zutaten

200 g Zucker
¾ TL Kardamomsaat (frisch gemahlen oder zerstoßen)
½ TL Ceylon Zimt (gemahlen)
2 ½ TL echtes Kakaopulver

Zubereitung

* Zucker und Gewürze in Schale geben und gründlich miteinander vermischen.

* Den Aromazucker in ein Schraubglas oder eine Vorratsdose geben und bis zur Nutzung gut verschlossen halten.

→ **Tipp**: Rohrzucker statt weißem Haushaltszucker sorgt für eine malzig-karamellige Note.

Nachwort

Ich danke meiner – leider schon verstorbenen – Mama dafür, dass sie mir die Liebe zum Kochen, sowie einen gesunden Pragmatismus, mitgegeben hat. Ich denke beim Kochen oft an dich, Mama, und vermisse deine Königsberger Klopse und deinen Pflaumenstreuselkuchen.

Meinem Papa danke ich für die zahlreichen Geschichten von den Speisen seiner Kindheit und für seine experimentelle Kochneugier (auch wenn danach ab und an die Küche ein klein wenig verwüstet war) – beides hat mich mein bisheriges Leben lang dazu angestiftet, über den eigenen, begrenzten Tellerrand zu blicken. Ich hab' euch beide lieb.

Ein großes Dankeschön geht auch an meine Korrekturleserinnen Lotta, Evi und Julia, die sich Zeit für mich und mein kleines Herzensprojekt genommen haben. Danke! <3

Und natürlich möchte ich auch meinen Leser*innen danken: Wie schön, dass ihr mein Buch ausgewählt habt! Ich hoffe wirklich ihr habt viel Freude an den Rezepten.
Falls ihr die Zeit findet, würde ich mich sehr über eine ehrliche Rezension freuen – sie sind halt einfach Brot und Butter für uns Autor*innen und beeinflussen auch die Platzierung in Onlineshops.

Eure Shermin